Confinamiento en casa de Gogo

escrito por Nthabi Faku-Juqula

illustrado por Palesa Juqula

(Relatado por Nehanda de seis años de edad, la nieta de Nthabi)

Conscious Dreams
PUBLISHING

Confinamiento en la casa de Gogo

Copyright ©2025: Nthabi Faku-Juqula y Nehanda Juqula-Campbell

Todos los derechos reservados. Ninguna parte de este libro puede ser reproducida, almacenada en un sistema de recuperación de información o transmitida, en cualquier forma o por cualquier medio, ya sea electrónico, mecánico, fotocopia, grabación, representación pública o cualquier otro, sin el permiso previo por escrito del autor, excepto en el caso de citas breves incluidas en artículos o reseñas críticas.

Primera impresiòn en el Reino Unido 2025

Publicado por Conscious Dreams Publishing

Ilustrado por Palesa Juqula

Editado por Daniella Blechner

Tipografía por Bryony Dick

www.consciousdreamspublishing.com

ISBN: 978-1-917584-57-9

Mi hermana y yo siempre vamos a visitar a Gogo en Tottenham durante las vacaciones; eso si no nos hemos ido de vacaciones fuera del país, cosa que no ha ocurrido desde la pandemia. También pasamos los días de fiesta escolar con Gogo. Sin embargo, en marzo de ese año, como todos los grandes acontecimientos, pasamos el día de la madre con Gogo. O a lo mejor debería referirme al día de la abuela. Ella estaba tan entusiasmada, era su oportunidad para poder disfrutar de un desayuno en la cama hecho por otra persona. Recibió tarjetas de felicitaciones del día de la madre y flores que le encantaron. A veces me pongo celosa de todos los regalos que recibe. Ese día, lo pasó relajada, recibiendo mimos de mi madre, y nosotros entretenidos con las actividades que acompañaron el día.

Esta vez, mientras disfrutábamos de la compañía de Gogo, hubo un comunicado del gobierno anunciando un confinamiento debido a la presencia de un virus llamado coronavirus. Por lo que nos quedamos «atrapados» en Tottenham. Nos dijeron que estaba bien que nos quedáramos en la casa de Gogo porque estábamos en «una burbuja». No entendía lo que significaba, así que le pregunté a Gogo y ella hizo todo lo posible por explicármelo. Me dijo que aunque viviéramos en casas diferentes (ella en Tottenham y nosotros en Walthamstow), se nos podía considerar una burbuja de apoyo debido a nuestro estrecho contacto y conexión. El mensaje decía que la gente debía quedarse en casa, permanecer en el interior, salir sólo para hacer una hora de ejercicio, observar el distanciamiento social, lavarse las manos con frecuencia, llevar mascarillas al aire libre y guantes de manos. Mi hermana y yo siempre cantábamos la canción del «cumpleaños feliz» mientras nos lavábamos las manos.

Gogo se sorprendió y nos preguntó por qué cantábamos la Canción de «cumpleaños feliz» al lavarnos las manos. Le explicamos que en la escuela nos enseñaban a lavarnos las manos durante unos diez segundos para asegurarnos de que estaban bien limpias. Le expliqué que, para mí, cantar la canción era más fácil que contar.

Gogo me contó que, cuando era niña, en África su madre siempre insistía en que ella y sus hermanos se mantuvieran limpios, sobre todo después de ir al baño. Así que para ella no era una práctica nueva lavarse las manos bien y con regularidad. Le pregunté qué era nuevo para ella durante el confinamiento, y me dijo que llevar guantes de manos y mascarillas era nuevo. Se rió y dijo que llevar una máscara era como fingir ser un atracador de bancos.

Le pregunté si íbamos a salir a hacer ejercicio sólo porque tenía la esperanza de que alguien nos llevara al parque del vecindario. Gogo me contó que en África los niños solían jugar mucho al aire libre e inhalar mucho aire fresco. En su casa en Sudáfrica y en la mayoría de las demás casas éstas se mantenían limpias. A los niños no se les permitía saltar sobre las camas o jugar con cojines en el salón como hacíamos aquí. De todos modos, dijo que entendía por qué los niños del Reino Unido pasaban mucho tiempo dentro de casa. Dijo que el tiempo no siempre era adecuado para jugar fuera. La lluvia impedía que los niños se levantarán. Dijo que lo sentía por nosotros porque donde ella creció siempre hacía buen tiempo y los niños corrían sin que sus padres tuvieran que preocuparse por su seguridad. La mayoría de los padres, incluso los vecinos, siempre vigilaban a los más pequeños.

Por supuesto, dijo, las cosas han cambiado mucho hoy en día. Dijo que en el pueblo solían cuidar de todos los niños, lo que me pareció bastante extraño, pero no dije nada, preguntándome cómo personas que no eran familia cercana podían cuidar de uno. Esa fue otra de las cosas que dijo sobre las diferencias entre las culturas europea y africana.

De todos modos, Gogo decidió hacer sus propias máscaras. Nos pidió ayuda y aceptamos encantados. Utilizamos las viejas bufandas de Gogo para coserlas.

Mi hermana mayor cree que es diferente a mí porque es cuatro años mayor que yo. Cuando se lava las manos, no canta la canción del cumpleaños feliz. Cree que es para bebés, a pesar de que le he dicho muchas veces que ya no soy un bebé. En su lugar, canta la canción de Alicia Keys «This Girl is on Fire».

Gogo se sorprendió. Le preguntó cómo conocía esa canción y, lo peor de todo, cómo había llegado a conocer a Alicia Keys. La cantante estadounidense tiene la misma edad que nuestra madre (es decir, treinta y pocos o treinta y tantos). Según nosotros, es vieja. En cualquier caso, Gogo y yo nos quedamos impresionados, y Gogo se puso a grabar en vídeo a mi hermana cantando la canción. La cantaba muy bien y muy alto. De hecho, me pareció que gritaba. Su voz invadió mis oídos. Además, es toda una artista.

Aunque estaba un poco celosa, la aplaudí, lo que no siempre ocurre porque ella y yo siempre nos peleamos por llamar la atención, especialmente de Gogo.

Una vez que llegamos a Tottenham, nuestros horarios diarios cambiaron. Lo peor era que no podíamos ir al colegio y echábamos mucho de menos a nuestros amigos. Lo bueno era que era verano. Como no podíamos salir mucho, mi mamá compró un trampolín enorme. Por suerte, Gogo tiene un jardín lo bastante grande como para que quepa el trampolín. Durante el día, pasábamos mucho tiempo saltando en él y gritando a pleno pulmón. A veces, Gogo se preocupaba un poco.

Supongo que así son las personas mayores: todo les preocupa. Le dijo a mi madre que había informes que aludían a los riesgos asociados a las camas elásticas y que era necesario que un adulto supervisara el juego para identificar y prevenir los problemas antes de que ocurrieran. Al parecer, ha habido casos de niños que se han hecho daño y han tenido que ser trasladados a hospitales tras romperse una u otra cosa. Debo confesar que me gustaría romperme un hueso o dos para que me ingresaran en el hospital. La idea de estar en un hospital y ser atendido por médicos y enfermeras me fascina. En la televisión he visto a niños hospitalizados tumbados en camas de hospital. Parecía que disfrutaban con toda la atención que recibían.

Gogo y mi madre se turnaron para sentarse afuera y vernos gritar hasta ponernos enfermas. Gogo se mostró sorprendida por los gritos. Dijo que quizá necesitábamos ejercitar nuestras cuerdas vocales, pero Gogo parecía sorprendida y preocupada por muchas cosas.

Le pregunté por qué.

Se rió y dijo que quizá era porque había olvidado cómo se comportan los niños pequeños. Sus propios hijos eran tan mayores que no recordaba lo que hacían o decían cuando eran pequeños.

Le dije que quizá también era porque ella era muy mayor. Ella torció la cara y dijo: «Mire, señorita, yo no soy tan vieja porque todavía puedo jugar al hula hoop.» Por supuesto, debo admitir que Gogo lo hace mejor que yo.

En casa, mi hermana solía pasar el tiempo con su iPad, chateando con sus amigos y aunque me dejaba echar un vistazo de vez en cuando, a veces me decía que me fuera y que jugase sola en otra parte. Normalmente, mi madre también estaba ocupada, trabajando con su portátil, por lo tanto la única persona que parecía tener tiempo era Gogo. Ella tiene máquinas para hacer ejercicio, y se ejercita a primera hora de la mañana. Son ejercicios muy sencillos, como yoga para principiantes. Ella dijo que la gente mayor no necesita hacer ejercicios muy vigorosos. Un poco de movimiento aquí y allá es suficiente para ellos, hasta yo pude apreciar lo elementales que eran.

Al principio, solía acompañarla, pero los encontré un poco aburridos, por lo que saqué otro tipo de material como la esterilla para ejercitarse o las pesas. Creo que mejoré mucho levantando pesas.

Mi hermana se rió y dijo que yo estaba haciendo la tontaina, a lo que siempre le respondía, siguiendo el ejemplo de Gogo; que era mejor que no hacer nada, (por ejemplo; de la misma forma que Gogo justificaba la simplicidad de sus ejercicios). El ejercicio que me gustaba más, era con el hula hup, aunque no se me daba muy bien. También era la actividad que más le gustaba a mi hermana, por eso, ella se unía con nosotras. Apuesto que a ella le gustaba porque era mejor que nosotras, que Gogo y yo.

Aunque no me importaba, necesitaba practicar más, así, cuando me fuera de Tottenham, sería mejor que mi hermana, a la que me gustaría darle una bofetada en su cara de engreída. Es cierto que ella podía hacer hula hop durante más tiempo que nadie, pero Gogo siempre me animaba a practicar mientras mi hermana me demostraba lo bien que lo hacía. Créeme, quiero muchísimo a mi hermana, pero a veces puede ser un incordio. A veces iba a jugar con el piano y a tocar las teclas aunque no sabía qué notas tocaba.

Un día, Gogo dijo que necesitábamos una estructura para nuestras tardes. No bastaba con sentarnos a buscar en Google, en nuestros iPads o mirar material no educativo en la televisión, aludiendo a nuestra elección de programas. Sugirió que empezáramos a leer libros. Afortunadamente, a mi hermana y a mí nos encanta leer, o tal vez a mi hermana más que a mí, pero eso es porque ella lee mejor que yo. Me di cuenta de que su misión en la vida era ser mejor que yo. Con cuatro años más que yo, parece vieja. Eso debe contar para algo. Aunque leo bien a mi manera, todavía tengo que deletrear las palabras antes de leerlas en voz alta, lo que a veces lleva mucho tiempo y puede ser bastante aburrido, pero así fue como me enseñaron a leer en la escuela.

Gogo lo llamó fonética o sonidos y dijo que así le habían enseñado en la escuela primaria cuando era pequeña. Le impresionó lo mucho que me esforcé y las mejoras que hice. También me sentí satisfecha conmigo misma.

Gogo se rió cuando le dije que la práctica hace al maestro. Ella dijo: «Ese es el espíritu.» Gogo tiene una biblioteca entera de libros en su dormitorio, pero la mayoría son libros para adultos. Ella sugirió que tal vez deberíamos visitar la biblioteca del barrio para buscar libros para nuestra edad.

Le pregunté por qué tenía tantos libros en su dormitorio. Había visto a otras personas con estanterías llenas de libros en sus salas de estar.

Ella dijo que había una razón por la que decidió mantenerlos donde estaban; era un espacio muy seguro. Dijo que así evitaba que la gente le pidiera,

que se los prestara y terminaran no devolviéndolos. Muy a menudo, nunca podía recordar a quién se los prestó. Dijo que esa fue su experiencia y que ya no quería correr ese riesgo.

Le pregunté sobre la innumerable cantidad de CDes y DVDes que tenía alineados en los estantes de su sala de estar. ¿No le preocupaba que pudieran robarlos?

Se rió y dijo: «En la vida hay que perder algunas cosas.» Por alguna razón, parecía darle más importancia a los libros que a la música. Dijo que sus libros eran irreemplazables, pero que siempre se podían reemplazar CDes, y de todos modos, hoy en día nadie ve DVDes, dijo. Todos están en Netflix y todo eso.

Visitamos la biblioteca Marcus Garvey en el polideportivo de Tottenham y cogimos algunos libros prestados. Me temo que no había mucha gente allí. En la zona destinada a los niños, solo había unos dos niños. Todos los adultos de la biblioteca llevaban mascarillas, pero los niños no.

Cuando llegamos a casa, fui la primera en leer un libro llamado «El día que Gogo fue a votar». Era una historia contada por una niña sobre el día en que su gogo fue a votar en las primeras elecciones de Sudáfrica para elegir a un presidente negro, el Sr. Mandela.

Gogo explicó que durante las elecciones de Sudáfrica en 1994, la mayoría de las personas negras estaban votando por primera vez en sus vidas. La mayoría de ellas votaron por un partido llamado Congreso Nacional Africano (ANC).

En el libro, esta gogo era una de las personas con mayor edad que fueron a votar. ¡Tenía cien años! Mi hermana y yo nos sorprendimos, pero no dijimos nada. No podía imaginar a alguien tan mayor. Traté de contar hasta cien con los dedos, pero me cansé.

Gogo preguntó si sabíamos por qué partido solía votar en el Reino Unido.

Mi hermana, la «sabelotodo», dijo que el Partido Socialista.

Luego, Gogo preguntó si sabíamos quién era el primer ministro del Reino Unido.

Otra vez, la sabelotodo respondió: Boris Johnson.

Yo dije que ya lo sabía, por supuesto, aunque en realidad no tenía ni idea. Mi hermana dijo que no lo sabía, yo insistí en que sí, y así seguimos, como un yo-yo, durante un rato hasta que Gogo nos pidió que paráramos y nos concentráramos en la lectura.

Cuando le tocó a mi hermana leer, decidí hacer el tonto. Mientras ella leía, yo la seguía con movimientos de yoga y pasos de ballet. Gogo dijo, «Qué forma tan entretenida de leer», por lo que evidentemente di lo mejor de mi misma. Cualquier cosa para destacar más que mi querida hermana.

El otro libro de la biblioteca que elegí se titulaba, «Cómo queremos nuestro pelo». Este libro nos enseña, en especial a las niñas negras, los cuidados básicos necesarios para la manutención de nuestro cabello. Gogo dijo que podía incluir buenos consejos para todo tipo de pelos pero estaba escrito para niñas negras de pelo rizado y con nudos como el mío y el de mi hermana.

Hago mención de esto porque Gogo siempre nos ha enseñado a tomar nota del autor, el ilustrador y la editorial cuando leemos. Ella dice que cuando escribamos nuestros propios libros, nosotras tendremos que saber quién publicará nuestro trabajo. También añadió que eso era muy importante y que necesitaremos escoger con cautela.

Como iba diciendo, ese libro trataba de una niña negra que adoraba a su pelo y demostraba lo que podía hacer con él. Recomiendo este libro a todas las niñas negras porque es una forma certera de mantener un pelo bonito. La autora asegura que para tener el pelo suave y manejable, tienes que regarlo como si de flores o plantas se tratara. Lo que significa beber agua de forma regular ya que se asegura su circulación por todo el cuerpo hasta llegar al cabello (de tu cabeza). También recomienda una mezcla de «agua de rosas», glicerina vegetal y agua, obviamente. Ingredientes como el aceite de coco, la aloe vera y muchos más, son mencionados en el libro.

Mi hermana y yo aprendimos mucho sobre cómo manejar nuestro pelo con ese libro. Nuestra pobre madre pasa mucho tiempo trenzándonos para que se mantenga manejable y arreglado. Aunque siempre me da pena pasar horas sentada con ella produciendo trenzas cortas o largas; me da pena que tenga que dedicar tanto tiempo para que estemos guapas. Dice que su madre no se preocupaba por esta tradición, ya que solía llevarla a peluquerías o salones de peluquería. Solía pagar mucho dinero. Por otro lado, mi madre decidió trenzarnos el pelo en vez de gastarse dinero en peluquerías. Por suerte, ella mejoró su técnica y ahora lo hace mucho mejor, fabulosamente.

Lo más importante de ese libro era cómo, de niñas, podíamos prácticamente arreglarnos nosotras mismas nuestro pelo rizado. Empezamos a experimentar con nosotras mismas mientras jugábamos. Nos hacíamos la raya del pelo por secciones, lo frotábamos y untábamos con cremas que lo dejaban súper esponjoso. Lo dividíamos en grandes mechones,, lo retorcíamos y lo trenzábamos sobre la marcha. A veces, lo dejábamos en secciones enormes y anchas, que mis primos sudafricanos llaman «Ben y Betty». El porqué de ese nombre es un misterio para mí. Los consejos de ese libro eran muy emocionantes y entretenidos para nosotras, y realmente nos mantenían ocupadas y nos acercaban a nuestro pelo natural.

Mi madre le compró a Gogo el asistente virtual Alexa por su cumpleaños. Gogo dijo que era el mejor regalo que le habían hecho. Principalmente, ella escucha jazz o «Cool» jazz radio FM. Haga lo que haga en el salón, la música de fondo la sosiega. Porque ella vive sola, ella dice que es como tener a un amigo en la casa y le hace compañía.

Un día, salió una canción de la banda sonora de la película americana Harriet. Y dió la casualidad de que sabíamos la canción, mi hermana y yo empezamos a cantar al compás. Gogo estaba tan emocionada de escucharnos que empezó a grabar. Lo hicimos a todo pulmón como si la canción nos perteneciera, por supuesto, mi hermana era la que más cantaba o debería decir la que se despañitaba como si su vida dependiera de ello. Gogo mandó la grabación a toda la familia en Sudáfrica.

Le pregunté si nos habíamos hecho virales, Gogo dijo que sí, pero supe que estaba bromeando. Estábamos tan satisfechas de haber podido cantar esa canción ya que Gogo siempre la escuchaba. Estoy contenta, en especial porque Gogo se mantiene ocupada escuchando música mientras lee los libros que cubren las estanterías de la librería de su habitación.

Le dije que tenía la sensación de que hubiera un tesoro en su dormitorio. Ella rió y dijo que en realidad había un tesoro. Me dijo que íbamos a heredar sus pertenencias. Obviamente, me gustaría que fuera dinero pero como dice el refrán, «a caballo regalado no le mires el dentado».

En algunas ocasiones, mi primo y su hermano pequeño venían de visita. Se llama Aydryan. Su segundo nombre es Rethabile, un nombre africano. Le pregunté a Gogo qué significaba, y me dijo que era como su nombre, Nthabiseng. Ambos nombres tenían más o menos el mismo significado. Dijo que los nombres africanos siempre tenían un significado. El nombre de mi prima significa «todos somos felices o estamos a gusto». El nombre de Gogo significa «hazme feliz o ven y disfruta y sé feliz conmigo».

Gogo decidió que necesitábamos un poco de enseñanza en lo que se refiere a la lengua africana. Cuando nos preguntó qué lenguas nos enseñaban en la escuela, le dijimos que ninguna, pero cuando nos preguntó qué lenguas queríamos aprender, le sorprendió gratamente que mi hermana y yo dijéramos simultáneamente: «Una lengua africana.»

Dijo que, en ese caso, le facilitaba mucho el trabajo. Dijo que era bueno saber idiomas y que a la gente de otras culturas y países les encantaba que intentaras hablar su lengua. Dijo que si quieres ser bien recibido en otro país, el secreto está en intentar hablar la lengua local.

Antes de que mi hermana visitara Sudáfrica por primera vez hace unos años, Gogo le enseñó dos cancioncillas. Una era una canción de cuna en IsiZulu, llamada «Thula-, thula sanalwam», que significa bebé calladito. La otra, en SeSotho, se llamaba «Bana ba sekolo», que se traduce como la canción de la campana (ding dong), que llama a los niños a ir a la escuela. También sabía otras frases como hola, buenos días, cómo estás, etc., que convirtieron a mi hermana en una pequeña celebridad cuando empezó a presumir de sus logros en Sudáfrica.

Seguí a Gogo a todas partes en su casa, y sobre todo hice muchas, muchas preguntas. A veces me decía que no sabía las respuestas a algunas de mis preguntas. Le pregunté por qué había vivido tanto tiempo y aún no sabía algunas cosas. Le dije que cuando yo tuviera su edad lo sabría todo.

Se rió, me cogió del brazo, me sentó a su lado y me dijo: 'Pequeña, nadie lo sabe todo. Es una lección que tienes que aprender. Cuanto más aprendas, más descubrirás que sabes cero patatero'.

Me reí y le dije: «¿Qué significa 'cero patatero'?», aunque sabía lo que significaba. Le dije a Gogo que era la más lista de entre los cuatro primeros de mi clase.

Decía que es bueno tener confianza, pero que es mejor ser humilde.

Cuando Gogo iba al baño, yo llamaba a la puerta y ella siempre decía que había alguien. Me preguntaba por qué cada vez que quería usar el aseo, siempre había una personita que también quería usarlo, precisamente en el momento en que ella lo necesitaba.

Mi hermana también tenía esa costumbre. Ella decía que pasaba lo mismo cuando hablaba por teléfono, un renacuaja quería atención. Aparentemente, mi madre y sus hermanos solían hacer lo mismo.

De todas formas, me senté en un peldaño pequeño fuera del baño y pregunté qué estaba haciendo.

Le pregunté si estaba haciendo un número uno o un número dos, lo que quiere decir pipi o popo.

Ella dijo que ni uno ni dos, a lo que añadí, «Entonces debes estar haciendo un número tres.» Me sorprendió que no lo supiera.

Rió y preguntó, «¿De dónde has sacado eso?»

Le dije, «¿ves? Sé más que tú.»

Le pregunté cuánto iba a tardar allí dentro. Me dijo, «Diez minutos,» por lo que me senté justo afuera y conté hasta diez.

Después de contar, le dije que se le había acabado el tiempo. Ella dijo, «Diez minutos no es lo mismo que contar hasta diez.» Me quedé boquiabierta. De todas formas, esperé pacientemente.

Me dijo, «¿Sabes qué? Me siento vigilada.» Le pregunté qué quería decir y me dijo, «Eres como una sombra. Miro detrás mía, y allí estás.» Ambas nos pusimos a reír, tenía gracia.

Mi hermana salió de su habitación y preguntó qué pasaba. Como siempre, le picaba la curiosidad y le encantaba participar en la diversión. Por un momento, dejó la compañía de su iPad, sólo porque mi madre estaba controlando cuánto tiempo pasaba con él.

Le dije que era un secreto, y Gogo estuvo de acuerdo, así que la mantuvimos expectante. Le estaba bien empleado por ser tan cotilla, porque cuando está con el iPad no se da cuenta de nada ni de nadie a su alrededor.

Gogo estaba sentada en el salón, ocupándose de sus propios asuntos. Uno de esos raros momentos en los que podía disfrutar de su intimidad. Interrumpí sus pensamientos para decirle que sabía palabras que rimaban.

Me dijo: «Qué interesante», y me preguntó: «¿Qué son?»

Le contesté con entusiasmo: «Esterilla, gato, sombrero, murciélago, palmadita y rata.» Gogo parecía impresionada de que me supiera tantas, así que me dijo que cuando ella tenía mi edad, o quizá menos, podía hacer una frase con esas palabras. La reté a que lo hiciera y me dijo: «De cat sat on de mat» (El gato se sentó en el felpudo). Me hizo mucha gracia. Le pregunté por qué sonaba tan graciosa y me dijo que tenía que serlo porque, como era una niña de primaria en Sudáfrica, no sabía hablar inglés correctamente. Tuvo que aprender a hablarlo, y no fue fácil porque el inglés, a diferencia de otros idiomas, es difícil de entender con sus construcciones de palabras. En la mayoría de los idiomas, lo que ves escrito es lo que pronuncias, pero no, en inglés no.

Recordaba cómo los niños de su clase querían presumir hablando inglés. Como estaba en una escuela católica, la mayoría de sus profesoras eran monjas blancas que hablaban sobre todo inglés. Así que a los pequeños les gustaba impresionarlas diciendo frases incomprensibles como «Is shebberi as shebberi is laat». Nadie sabía qué significaba, era un misterio. Los dos nos reímos y yo dije que debía de ser emocionante.

A mi hermana y a mí nos gustaba desbaratar la habitación de Gogo. Registrábamos sus cajones, sacábamos todas las joyas y nos las probábamos. A mi hermana le gustan las manualidades, siempre deja desorden.

No le importa utilizar cualquier cosa a su disposición para crear cosas. Por eso, siempre nos mete en líos con Gogo. Es una de esas niñas que se describen como creativas, pero la mayoría de las veces se puede decir que es desordenada. Por otro lado (es decir, si no te importa el desorden), es realmente creativa. Le gusta ensuciarse las manos. A veces se le ocurren cosas realmente impresionantes, como cuando creamos postales de agradecimiento para el personal de la NHS (Sistema Nacional de Salud).

Todos los jueves por la noche nos situábamos en el porche del patio delantero de Gogo con todos los vecinos de la calle, y aplaudíamos a las enfermeras y médicos del NHS. Mi hermana y yo salíamos con las vuvuzelas de Gogo (unas gaitas parecidas a las escocesas) y tocábamos a pleno pulmón mientras los vecinos golpeaban latas y recipientes de plástico. Había mucho jaleo; disfrutábamos mucho de esos momentos.

Una de las formas en que Gogo nos preparó fue animándonos a aprender a tocar el piano. Había uno en casa y alguien tenía que usarlo. Irónicamente, los hijos de Gogo empezaron, pero lo dejaron cuando se tomaron en serio sus estudios, por lo que quería asegurarse de que al menos uno de sus nietos aprendiera.

Mi hermana recibía clases de piano pero aprendía a través de Zoom durante la pandemia. Le gustaban las clases pero en nuestra casa en Walthamstow practicaba con el piano eléctrico y no era lo mismo.

Yo prefería practicar con el hula hoop. Gogo nos compró hula hoops, y se quedaron en Tottenham. Enseñó a mi hermana, y yo también fui aprendiendo. En casa de Gogo hay cuatro de estos aros, dos grandes y dos pequeños. Mi primo también practicaba con ellos cuando venía de visita. Me sorprendió que lo hiciera mejor que yo, pero lo estoy dominando poco a poco.

Gogo me animó. Ella también hacía «hula hula», pero la profesional de la casa era mi hermana; podía estar más de una hora.

En algún momento durante la pandemia, hubo un anuncio del gobierno que informaba que los niveles de COVID estaban bajando, y parecía que las restricciones podrían ser levantadas. En ese momento, mi madre tenía dificultades para darnos clases y hacer su trabajo desde casa al mismo tiempo. Pues resultó que estos cambios nos permitirían volver a la escuela. El motivo era el siguiente; mi padre estaba clasificado como trabajador esencial, por lo tanto sus hijos tenían permiso para volver a la escuela.

Mi padre trabaja como ingeniero eléctrico, cavando postes eléctricos por Londres. Seguro que este trabajo es más complicado de lo que parece. La mayoría de las veces vuelve a casa con un mono sucio y unas botas que a veces huelen mal.

A Gogo no le gustaba el olor y le aconsejó a mi padre que, cuando viniera de visita, dejará el mono y las botas fuera de la casa antes de entrar. Le explicó que los hombres lo tenían fácil en este país porque había duchas y abundante agua por todas partes. Contó que, en su época en Sudáfrica, los hombres africanos solían, y siguen, cavando en las minas en busca de oro y diamantes como parte de su trabajo. Salían de esos largos y profundos agujeros cubiertos de hollín, pero cuando llegaban a casa tenían que dejar lo que llevaban puesto en la puerta porque las mujeres africanas se enorgullecen de sus hogares en lo que se refiere a las normas de higiene y limpieza. Los hombres tenían que limpiarse a fondo en cubos de agua. En aquella época del apartheid, no había duchas ni baños para la gente negra en el país.

Por desgracia, tampoco vivía cerca de un río o mar donde la gente pudiera ir; zambullirse y remojarse con facilidad.

Mi madre decidió que debíamos volver a la escuela, lo que significaba volver también a nuestra casa de Walthamstow. Así que tuvimos que prepararnos. Debo decir que mi hermana y yo estábamos muy emocionadas porque echábamos de menos a nuestros profesores y amigos. Al mismo tiempo, nos disgustaba dejar sola a Gogo. Sospechaba que ella también nos echaría de menos, pero también me aliviaba que pudiera volver a tomarse las cosas con calma, como despertarse cuando quisiera y soñar despierta todo lo que quisiera sin tener duendes que le hicieran todo tipo de preguntas. La vuelta a la rutina nos produjo a todos una gran mezcla de sentimientos. Siempre —o debería decir, yo, siempre— la despertaba antes de lo que estaba acostumbrada.

Despertarse a las 6 de la mañana para alguien que no iba a trabajar tenía que ser difícil. Gogo dijo que le apetecía tomarse unas largas vacaciones después de la visita. Se quejaba de estar agotada. Así que, aunque nos iba a echar de menos, también estaba deseando recuperar su espacio y disfrutar de su intimidad. Decía que la compañía de gente pequeña como nosotros debía ser programada. Como tenía cierta edad y problemas de movilidad, era conveniente no abusar, por ejemplo, que estuviéramos con ella más tiempo del necesario.

Decía que ella había criado a sus hijos en un país extranjero sin el apoyo de una familia extensa, y que sus hijos debían hacer lo mismo. Por supuesto, no le importa ayudar de vez en cuando. Dice que cuando creció en Sudáfrica, los niños se consideraban hijos de todos, y sus vecinos asumían la responsabilidad de criar a los hijos de los demás. En cierto sentido, que un niño fuera criado por el pueblo era la norma, pero vivimos en tiempos y circunstancias diferentes. Hoy en día, se advierte a los niños sobre los extraños, y ya no hay libertad de movimiento, especialmente para los niños. Vayas donde vayas en este país, ya sea a un parque, a una piscina o a cualquier lugar público, hay carteles que aconsejan que los niños vayan acompañados de un adulto.

La noche antes de irnos, Gogo decidió que teníamos que crear cajas de recuerdos. Como de costumbre, yo no sabía a qué se refería, pero cuando me lo explicó todo cobró sentido. Todos los recuerdos buenos o no tan buenos de nuestra estancia en su casa debían guardarse en «cajas de recuerdos». Dijo que, cuando nos hiciéramos mayores, sería importante recordar nuestras historias para poder compartirlas con los demás. Dijo que eso formaba parte de nuestra identidad.

Nos gustó la idea y nos pusimos en marcha. A mi hermana le encantaba crear cosas, y a mí me encantan los retos: !!!!

Empezamos creando un collage con todas las tarjetas que Gogo había ido guardando desde que tenía memoria. Había todo tipo de tarjetas: Navidad, cumpleaños, el Día de la Madre y cientos de tarjetas de condolencia que había recibido tras la muerte del abuelo. Dijo que le había resultado difícil tirarlas.

Le pregunté si era cosa de viejos no deshacerse de las cosas. Se lo pregunté porque también se negó a que reventara sus globos de cumpleaños días después de su cumpleaños.

Gogo me contestó que, a veces, algunas cosas están cargados de muchos sentimientos, por lo que resulta difícil deshacerse de ellas. Me dijo que lo entendería cuando fuera mayor, pero para mí sigue siendo un misterio.

Para el siguiente paso, pasamos a elegir los objetos para nuestras cajas de recuerdos, tres en total: una para mí, otra para mi hermana y la última para Gogo. Utilizamos cajas de zapatos. Metí todo lo que se me ocurrió, pero como las cajas no eran tan grandes, Gogo me aconsejó que la idea era guardar cosas memorables y sentimentales. Me costó elegir, pero al final tuve que hacerlo.

Mi hermana se puso manos a la obra, pero, como de costumbre, se mostró cautelosa sobre lo que guardaba en su caja. No me dijo lo que iba a meter en su caja, dijo que era un misterio o más bien un secreto, supongo.

Gogo eligió unas cuantas tarjetas importantes que creía que significaban algo para ella. Todas las cajas estaban medio llenas con la esperanza de que la próxima vez que la fuéramos a visitar, trajeramos algunas cosas nuevas con valor sentimental, como nos explicó Gogo.

Llegó el día en que estábamos listos para mudarnos de nuevo a nuestra casa y volver a la escuela. El coche estaba lleno de nuestras pertenencias, y Gogo comentó que nunca había visto a una familia tan pequeña como nosotras con tantos bártulos. Se dirigía a mi madre con el seudónimo «la señora de las bolsas», siempre cargada de cosas.

Nos fuimos con un batiburrillo de sentimientos, de emoción y de pena. Una cosa que quería decir de mi Gogo, pero que no pude decir en ese momento, es que es una persona muy amable. Nos compraba cosas que nos gustaban a los niños. Por ejemplo, a mí me gustan los chocolates y a mi hermana la carne; Gogo nunca deja de cocinar alitas de pollo, chuletas de cerdo, salmón, chuletas de cordero y mucho más. Siempre nos lleva de visita a la tienda sudafricana de Barking, donde compramos biltong (carne curada seca), el plato favorito de mi hermana, pero que a mi parecer, no es un manjar.

Siempre elijo chicle. En Sudáfrica se llaman «chappies». Gogo nos hizo ver que el envoltorio del chicle tiene conocimientos generales. Por ejemplo, yo no sabía que Sudáfrica era el mayor productor y exportador de diamantes y oro hasta que lo leí en el envoltorio.

Gogo dijo que estos conocimientos a veces no se enseñan en las escuelas del Reino Unido. Contó que el diamante más grande del mundo era sudafricano y se llamaba Cullinan, en honor al inglés blanco que dirigía una mina de diamantes en Pretoria (Johannesburgo). El hombre negro que encontró el diamante no se menciona en los registros. Nadie sabía cómo se llamaba, dónde estaba ni qué le había ocurrido.

    Gogo no sólo es generosa, sino también estricta. Le gusta mantener los límites. Dice que le gusta enseñarnos lo que no nos enseñan en la escuela,

ni siquiera nuestros padres. Lo llama «educación informal».

Nos obligaba a ordenar después de desordenar. Nos sentábamos quietos en la mesa del comedor y no podíamos ver el iPad al mismo tiempo. Llevábamos los platos a la cocina después de comer. Siempre me metía en líos con Gogo porque no siempre me acordaba. Me decía que comía de forma desordenada. Cuando terminaba de comer, siempre quedaban trozos de comida en la mesa y en la silla.

A los nueve años, dijo que mi hermana ya debería haber empezado a aprender a fregar los platos. Sin embargo, en casa de Gogo, acabó apilando los platos en el lavavajillas. Le sorprendió que a mi hermana ya no le gustara hacer eso, pero cuando tenía mi edad —cinco años— entiendo que siempre pidiera hacer trabajitos, pero supongo que, a medida que crecía, encontró nuevas áreas de interés.

Por fin salimos de Tottenham sintiéndonos mejor que cuando llegamos. Aprendimos mucho de nuestra visita. Nos fuimos con buenos recuerdos, y espero que siempre podamos recordar que el aprendizaje es un proceso que revela nuevas ideas y nunca termina, gracias a la sabiduría de mi Gogo.

Sobre la Autora

Nthabi es trabajadora social jubilada y abuela de Palesa y Nehanda. Escribió este libro durante el confinamiento, mientras vivía con su hija y sus dos nietos. Antes vivía sola, sin mucha compañía y sintiendo pena de sí misma.

A Nthabi le gusta leer y tiene una enorme colección de libros en su casa. Nthabi disfruta enseñando a las niñas su lengua materna sudafricana y sus canciones, así como los valores tradicionales.

A pesar de sus problemas de tobillo, a Nthabi también le gusta mantenerse en forma paseando por el parque con su vecina Lily, de 85 años, nadando dos veces por semana y haciendo yoga. Sin embargo, durante el confinamiento, ¡aprendió a hacer hula hoop con las chicas!

Sobre la Autora

Nehanda es la hermana pequeña de Palesa, y las dos están muy unidas, aunque suelen discutir como la mayoría de los hermanos.

En general, Nehanda es curiosa y siempre quiere aprender cosas nuevas. A diferencia de su hermana mayor, siempre está haciendo preguntas y buscando respuestas.

Tiene muchos amigos en el colegio y suele trabajar en equipo. En casa le gusta ayudar a cocinar y servir la comida. Participa en muchas actividades extraescolares, como cocina, natación, kárate y, recientemente, se ha apuntado al tenis.

Sobre la Ilustradora

Palesa es creativa y artística. Ha pasado gran parte de su juventud interesada en dibujar cualquier cosa. Dale un bolígrafo, papel y lápices de colores y se pasará el tiempo garabateando. Dibuja personas y paisajes. Destaca por la viveza con que dibuja los ojos de las personas. Además de dibujar, le apasiona pintar y crear cosas a partir de restos de materiales.

Cuando empezó a escribir este libro con su abuela y su hermana, Palesa tenía nueve años. Ahora tiene once. Palesa también es una entusiasta del deporte y le encanta participar en la carrera matinal del colegio por el bosque y practica semanalmente netball, kárate y natación. Tiene muchos amigos, le encanta la música, bailar y tocar el piano.

Conscious Dreams
PUBLISHING

Transforming diverse writers
into successful published authors

www.consciousdreamspublishing.com

authors@consciousdreamspublishing.com

Let's connect

www.ingramcontent.com/pod-product-compliance
Lightning Source LLC
Chambersburg PA
CBHW061225070526
44584CB00029B/3998